Einsterns Schwester

4

Trainingsheft
zum Grundwortschatz

Herausgegeben von
Roland Bauer, Jutta Maurach

Erarbeitet von
Martina Schramm

In Zusammenarbeit mit
der Redaktion Grundschule Deutsch 2–4

Cornelsen

Inhaltsverzeichnis

Ab Seite 4 findest du jeweils unten auf der Seite Wörter, die du mit der **Lernwörterkartei** üben kannst.

Du kannst für die vierte Klasse eine neue Kartei anlegen oder die ergänzen, mit der du schon Lolas Lernwörter geübt hast.

Für eine Lernwörterkartei brauchst du:

- einen Karteikasten,
- passende Kärtchen mit Linien,
- drei Trennkärtchen für vier Fächer.

So legst du die Kartei nach und nach an:

- Schreibe jedes Lernwort auf ein Kärtchen.
- Schreibe zu jedem Wort das Zeichen, das beim Üben dieses Wortes hilft.

  Notiere auch das Verlängerungs- oder Ableitungswort.

- Markiere wichtige Stellen im Wort.

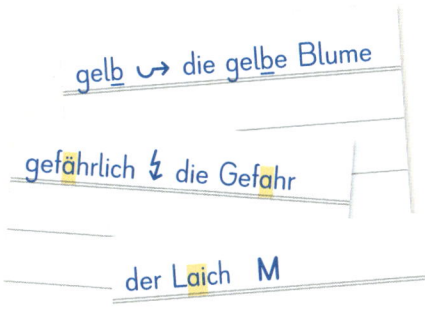

So übst du mit den Wortkärtchen:

1. **Lies** das Wort auf der Karte.
2. Drehe die Karte um.
3. **Schreibe** das Wort in ein Heft.
4. **Kontrolliere** und verbessere.
   - Wörter, die du richtig geschrieben hast, rücken ein Fach weiter.
   - Wörter, die du falsch geschrieben hast, bleiben vorn und du übst sie nochmals.
   - Lass dir die Wörter auch von einem Partnerkind diktieren oder diktiere sie dir selbst mit einer Sprachaufnahme.

Übe einmal pro Woche auch die Wörter aus den Fächern 2, 3 und 4.

① Lies die kleinen Wörter
mehrmals halblaut.
Steigere dein Tempo.

Mein Tipp:
Kleine Wörter so oft üben,
dass du sie ganz sicher lesen
und schreiben kannst.

vorher	erster	niemand	bereits	irgend	mehr	selber	jemand

herein	davor	genug	raus	letzter	wenn	fast

② Schreibe mit den Wörtern aus ① ein Dosendiktat.

So geht es:

- jedes Wort auf ein Kärtchen schreiben,
- ein Wort lesen, sich merken und in die Dose stecken,
- Wort auswendig aufschreiben,
- so mit allen Kärtchen verfahren,
- am Ende Wörter aus der Dose holen, vergleichen und korrigieren.

③ Ordne die Wörter auf den Kärtchen aus ② nach dem Alphabet.
Schreibe sie nochmals in alphabetischer Folge auf.

bereits,

gerne, heraus, links, rechts

① Schreibe die Nomen nach dem Alphabet geordnet auf.

| Strauch | Hunger | Verwandtschaft | Quadrat | Nachbar | Teufel |

Hunger,

_____

② Schreibe die Wörter nach dem Alphabet geordnet auf.

| schief | Kunst | gestern | bequem | Stirn | Kirche |

bequem,

_____

③ Unterstreiche in den Sätzen die Wörter
aus ① und ②.
Schreibe nur Sätze mit unterstrichenen Wörtern
in dein Heft.

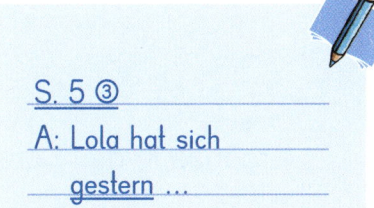

S. 5 ③
A: Lola hat sich
   gestern ...

A Lola hat sich <u>gestern</u> als kleiner Teufel verkleidet.

B Unser Nachbar hat eine große Verwandtschaft.

C Im Schwimmbad war es heute sehr voll und laut.

D In der Kirche wurde auch Kunst ausgestellt.

E Der Stuhl ist schief und nicht sehr bequem.

ω der Teufel, tief, die Tiefe, das Ungeheuer

① Prüfe die Schreibweisen mit dem Wörterbuch
und streiche falsch geschriebene Wörter durch.
Schreibe jedes Wort mit dem Artikel richtig auf.
Notiere aus dem Wörterbuch auch den Plural.

S. 6 ①
das Training, die Trainings,
...

Hier ist immer nur
eine Schreibweise richtig.

~~Träning~~	Skizze	Thermometer
Training	Skitze	Termometer
Magneht	Atvent	Interwiew
Magnet	Advent	Interview
Sillvester	Dedektiv	Zirkel
Silvester	Detektiv	Zierkel

② Ergänze in den Sätzen passende Wörter aus ①.

Am 31. Dezember ist _____.

Im _____ zünden wir Kerzen auf einem Kranz an.

Ein _____ stellt Ermittlungen an und findet Dinge heraus.

Wer Sport macht, geht oft zum _____.

Eine kleine Zeichnung nennt man auch _____.

Das _____ zeigt an, wie warm oder kalt es gerade ist.

Ein _____ zieht Dinge aus bestimmten Metallen an.

M   die E-Mail, mailen, die Technik, trainieren, das Training

① Finde den Infinitiv dieser Verben im Wörterbuch.
Schreibe jedes Verb mit seinem Infinitiv auf.

| es begann | er ließ | sie riss | er schloss | es fraß |

| sie schob | sie verbot | sie bog | er zog |

es begann – beginnen,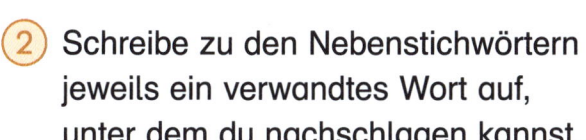

② Schreibe zu den Nebenstichwörtern
jeweils ein verwandtes Wort auf,
unter dem du nachschlagen kannst.

> **Verben** muss man
> **ohne Vorsilbe** nachschlagen und
> hier auch noch den **richtigen**
> **Infinitiv** finden.

| genommen | gehangen |

| gestritten | gerochen |

| gestrichen | geschwiegen |

genommen – nehmen,

schieben – er schob,   streiten – sie stritt,   verbrennen – es verbrannte

① Unterstreiche alle Wörter mit drei Silben.
Schreibe alle Wörter mit drei Silben in dein Heft.
Zeichne Silbenbögen ein.
Markiere die Silbenkerne.

S. 8 ①
A: entgegen
B: ...

| A | Malik geht seiner Mutter auf der Straße entgegen. |

| B | Koki möchte gern länger fernsehen dürfen, vor allem abends. |

| C | Tim soll seine Flasche mit Wasser mitnehmen. |

| D | Rani nimmt sich für unterwegs einen Apfel und ein Brot mit. |

| E | Lisa meint, dass es nirgendwo schöner sei als bei ihr. |

| F | Es nahmen Tausende Menschen an der Demo teil. |

| G | Bente muss leider umkehren, weil ihr Fahrrad kaputt ist. |

| H | Herr Kuzu will sich morgens auf keinen Fall verspäten. |

| I | Milan ist natürlich der beste Freund von Emil. |

| J | Hanna möchte am Sonntag eine lange Wanderung machen. |

② Schreibe die Unsinnssätze in dein Heft.
Kontrolliere mit Silbenbögen.

S. 8 ②
A: Angler Alfred ...
B: ...

| A | Angler Alfred Angelschnur angelt anders als andere Angler. |

| B | Bruno Bier bekommt bald billige Brötchen beim Bäcker. |

| C | Gildo gibt Gilda gerade ganz glücklich große Geschenke. |

| D | Waldemar Wald will wohl wirklich wieder wunderbare Wolken wiegen. |

ω empfindlich, entgegen, genügend, unterwegs

Es sind alles Dinge, die man essen kann.

1 Ergänze die Silbenkerne.
Schreibe die Nomen
vollständig mit ihrem Artikel
in dein Heft.
Markiere die Silbenkerne.

S. 9 ①
die Zitrone, die …

die Z **i** tr **o** n **e**

die G _ rk _

die W _ _ rst

die M _ _ nd _ r _ n _

die P _ zz _

der P _ _ lz

die K _ _ rt _ ff _ l

die N _ _ ss

die P _ _ pr _ k _

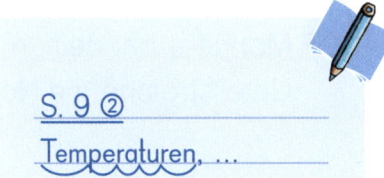

2 Lies den Text.
Stelle die Silben der markierten Wörter um.
Schreibe die Wörter in dein Heft.
Zeichne Silbenbögen ein.

S. 9 ②
Temperaturen, …

Ein schöner Tag

Bei ==Temrapeturen== weit über dreißig Grad war es sehr heiß.
Der ==Unrichtter== war daher früh beendet. Mio und Finn sollten ==lichgentei==
ihre Zimmer ==menräuauf== und auf den kleinen Bruder ==senaufpas==.
Doch dann kam der Opa zu Besuch und die Jungen hatten die Erlaubnis,
nach dem ==Mitestagsen== ==sammenzu== ins Freibad zu ==denschwinver==. Nur ein
kurzer ==Spagangzier== war es bis dorthin. Sie konnten es kaum erwarten,
sich endlich ein wenig abzukühlen. Danach kauften die Kinder sich
zwei große Becher ==Linamode==, denn sie hatten vom Opa sogar noch
ein wenig Geld ==menkombe==. Der Vater hatte die Kinder allerdings ==tengebe==,
nicht zu spät nach Hause zu kommen, ==lichtürna== vor dem ==Geterwit==.

ω danach, endlich, die Erlaubnis, erwarten, sogar, zusammen

1 Tausche die Silbenkerne.
Schreibe die Nomen mit ihrem Artikel richtig auf.

der Begül   der Schlessül   die Frechtü   die Sterkä

die Zegü   das Gäpeck   der Reckün   die Weschä

das Gäscheft   die Kechö   die Welfö   das Retsäl

der Bügel, _____

_____

2 Markiere bei deinen Nomen zu ① alle Umlaute gelb.
Unterstreiche die Nomen im Plural.

3 Finde und notiere die Nomen aus ①, die in den Sätzen beschrieben werden.

Sie bereiten das Essen zu.   die Köche _____

Er hängt im Kleiderschrank.

Sie sind Teil einer Pflanze und man kann sie essen.   _____

Man steckt sie in eine Maschine, damit sie sauber wird. _____

Sie bringen uns von einem Ort zum anderen.   _____

Auf einer Reise hat man es meistens.   _____

Es zwingt uns zum Nachdenken und Grübeln.   _____

ω der Bügel, die Küste, die Möwe, pünktlich, das Rätsel

① Ergänze passend **ä** oder **äu**.

äu ßerlich	der F____cher	bl____lich
die St____dte	die B____der	er f____ngt
qu____len	die Sch____tze	br____nlich
die G____nse	gl____nzen	die L____nge

② Schreibe die Wörter aus ① untereinander in dein Heft.
Notiere jeweils ein verwandtes Wort,
von dem du ableiten kannst.

S. 11 ②
äußerlich ↯ außen,
der Fächer ↯ ...

③ Schreibe sinnvolle oder lustige Sätze mit den Wörtern
aus jedem Rahmen in dein Heft.

S. 11 ③
Ein Kätzchen ...

Kätzchen ✳ Kälte

Ärzte ✳ äußerlich

Schätze ✳ Päckchen

Fußgänger ✳ gefährlich

erzählen ✳ erkältet

Gebäude ✳ Gepäck

die Blätter ↯ das Blatt,   die Fächer ↯ das Fach,
gefährlich ↯ die Gefahr,   läuten ↯ laut

① Schreibe zu jedem Muster das passende Merkwort mit ä.

| nämlich | Träne | Mädchen | Käfer |

| Lärm | ähnlich | vorwärts | ärgern |

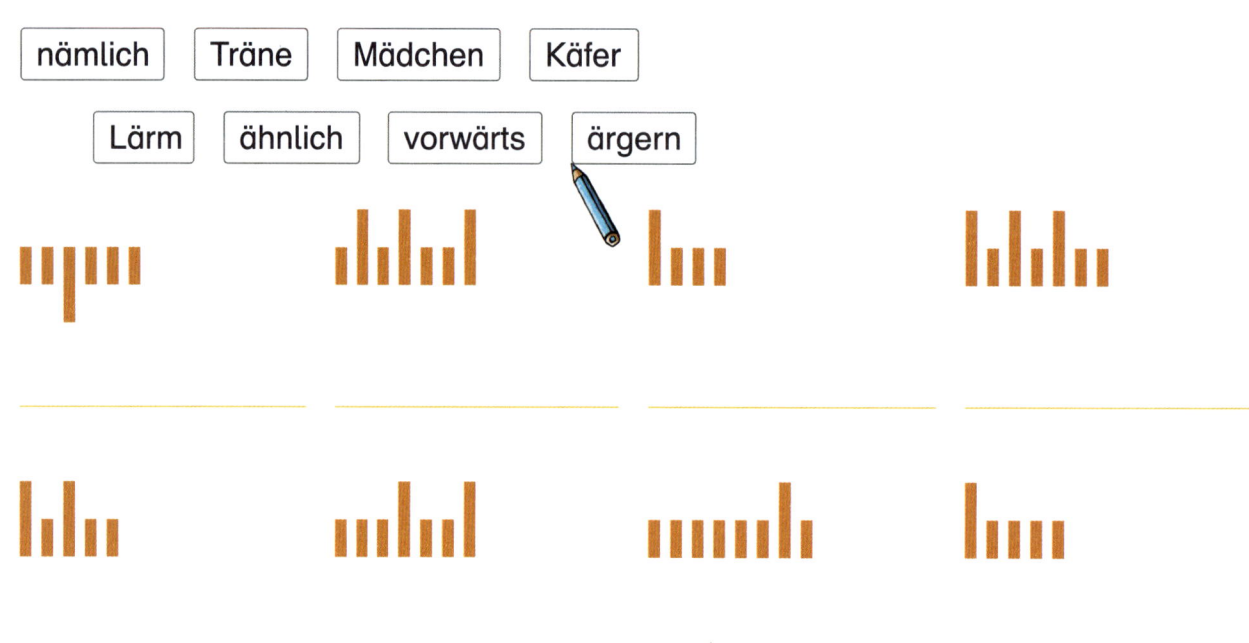

_____ _____ _____ _____

_____ _____ _____ _____

② Ergänze in den Sätzen passende Merkwörter aus ①.

Am Fenster krabbelt ein kleiner _____.

Manchmal _____ die großen Kinder die kleinen.

Bente sieht ihrer Mutter sehr _____.

Manchmal hat man vor Freude eine _____ im Auge.

_____ kann die Kinder beim Lernen stören.

In einem Stau kommt man mit dem Auto kaum _____.

Das _____ von nebenan hat sich das Bein gebrochen.

Sie hatte _____ einen Unfall mit ihrem Fahrrad.

M der Käse, das Mädchen, das Märchen, der März, die Säge

① Markiere die richtige Schreibweise.
Verlängere dazu die Wörter und Wortstämme.
Schreibe im Heft wie im Beispiel.

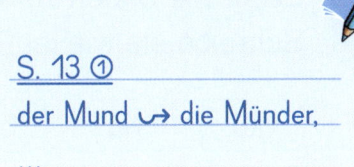

S. 13 ①
der Mund ↪ die Münder,
...

der Mun**t/d**	sie bo**g/k**	frem**t/d**	der Erfol**k/g**
er bewe**k/g**t	ferti**k/g**	sie le**b/p**t	er schwei**k/g**t
die Übun**g/k**	dursti**k/g**	sie zei**k/g**t	der Zu**k/g**
er sin**k/g**t	das Lie**t/d**	die Kuns**d/t**	sie win**g/k**t

② Unterstreiche alle Wörter, die auch in ① vorkommen.
Schreibe nur die Sätze in dein Heft, die stimmen.

S. 13 ②
A: Wer etwas ...

A Wer etwas trinken möchte, ist durstig.

B Mit einem Zug kann man nur nachts fahren.

C Es ist gut für den Körper, wenn man sich viel bewegt.

D Wer etwas nicht gut kann, braucht oft mehr Übung.

E Wenn die Hausaufgaben erledigt sind, ist man damit fertig.

F Bilder und Musik kann man auch Kunst nennen.

G Jeder Mensch lebt am liebsten allein.

H Durch den Mund und die Nase kann man atmen.

Ich bin auch
Kunst!

blon**d** ↪ der blon**d**e Mann, die Bur**g** ↪ die Bur**g**en, sie le**b**t ↪ le**b**en

① Setze die Silben zu acht Verben mit silbentrennendem **h** zusammen.
Schreibe sie wie im Beispiel mit Silbenbögen auf.

| glü | nä | blü | dre | verste | fernse | dro | ge | hen |

glühen, ✏

② Verlängere die Wörter. Schreibe sie wie im Beispiel auf.

| nah | froh | das Reh | der Zeh | der Floh | die Kuh | roh | der Schuh |

nah ↪ näher, ✏

③ Ergänze im Gedicht passende Wörter aus ②.

Wer nicht traurig ist, ist ✏ _____ .

Was gekocht ist, ist nicht _____ .

Wenn's im Stall muht, ist's die _____ .

Wenn's am Fuß drückt, ist's der _____ .

Am Fuß ist mehr als nur ein _____ .

Wenn man hinfällt, tut's meist weh.

Das Reimen macht die Lola froh, das ist nicht nur heute so.

⌣ glühen, die Höhe, leihen, die Ruhe, ruhig

① Schreibe zu jedem Muster das passende Merkwort mit ß.

| Gruß | schließen | fleißig | Süßigkeit | dreißig | schließlich |

| Strauß | beißen | außerdem | süß | reißen | stoßen |

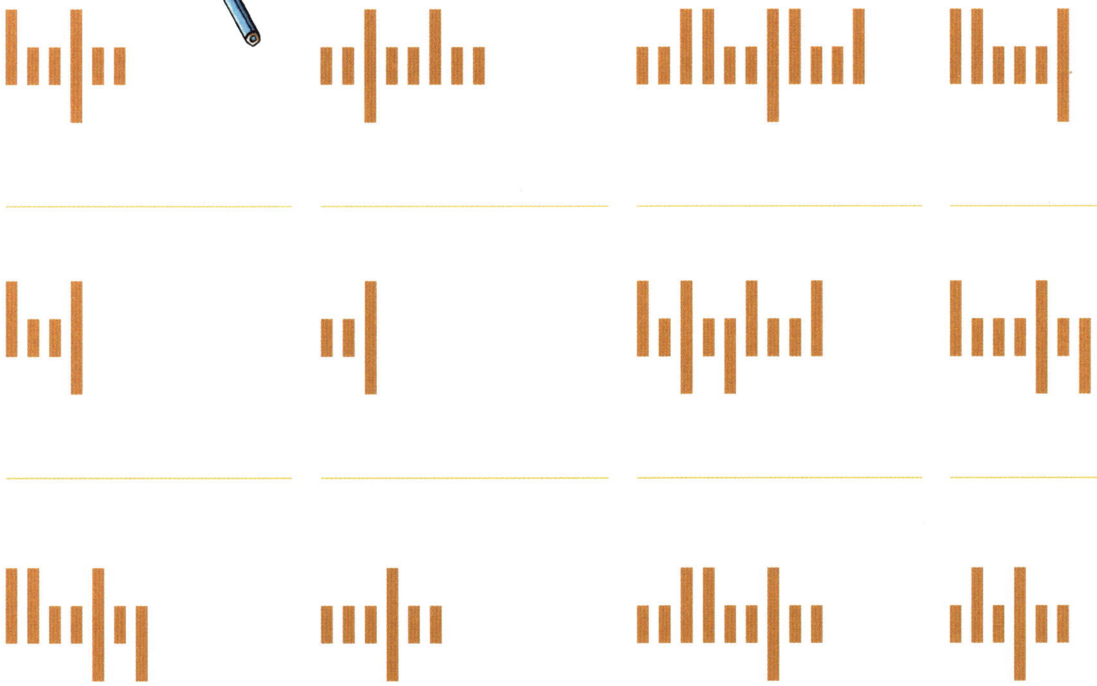

② Setze s oder ß passend in die Wörter ein.

drauβ__en	die Krei__e	die Spä__e	gro__
flie__en	rie__ig	lei__e	schlie__en
die Sträu__e	die Va__e	die Grä__er	die Stra__e

M   außerdem, beißen, draußen, schließlich

① Ordne jedem Infinitiv die passende Personalform im Präteritum zu.
Markiere ss und ß sowie die kurzen und langen Laute wie im Beispiel.

| messen | vergessen | reißen | gießen | fließen |

| schießen | beißen | essen | sie goss | er aß | sie vergaß |

| er riss | sie schoss | sie maß | er biss | es floss |

messen – sie maß, _____

_____

_____

_____

② Ergänze die Verbformen in den Sätzen passend.

| gelassen | geschlossen | gewusst | gemessen |

| gefressen | gebissen | gerissen |

Die Mutter hat die Länge des Schrankes _____ .

Der große Hund hat in sein Spielzeug _____ .

Koki hat sein Handy lieber zu Hause _____ .

Malik hat die Lösung der Aufgabe schnell _____ .

Das Geschäft ist am Samstag immer _____ .

Opas Hose ist beim Arbeiten _____ .

Die Katze ist krank und hat nichts _____ .

M vergessen – er vergaß, vergesslich, vermissen

1 Löse das Silbenrätsel. Schreibe die Merkwörter mit y vollständig auf.

ja	Hob	Ted	~~lin~~	Han		
dy	ty	by	Par	Po		
ra	fon	~~Zy~~	Ba	Py	de	Gym
by	~~der~~	mi	nas	Dy	dy	mo
tik	na	ma	lo	Xy	Py	ny

1	ein altmodischer schwarzer Hut	Zylinder
2	ein anderes Wort für Schlafanzug	
3	etwas, das man sehr gern tut	
4	etwas zum Telefonieren, Nachrichtensenden und Surfen	
5	ein Kuscheltier, das viele Kinder haben	
6	ein Musikinstrument mit Holzstäben	
7	sehr altes Bauwerk in Ägypten mit besonderer Form	
8	ein neugeborener Mensch	
9	sportliche Übungen, drei Silben	
10	ein vierbeiniges Tier, auf dem Kinder gern reiten	
11	ein großes Fest	
12	ein Gerät, das Strom erzeugen kann	

2 Merke dir so viele Wörter mit y aus ① , wie du kannst.
Schreibe sie untereinander auf ein Blatt. Kontrolliere mit Silbenbögen.

M   das Pony, das Xylofon, das Yak, das Yoga

① Diese Nomen mit C oder Ch sind halb verdeckt. Du kannst sie sicher trotzdem erkennen und lesen. Schreibe sie mit ihrem Artikel richtig auf.

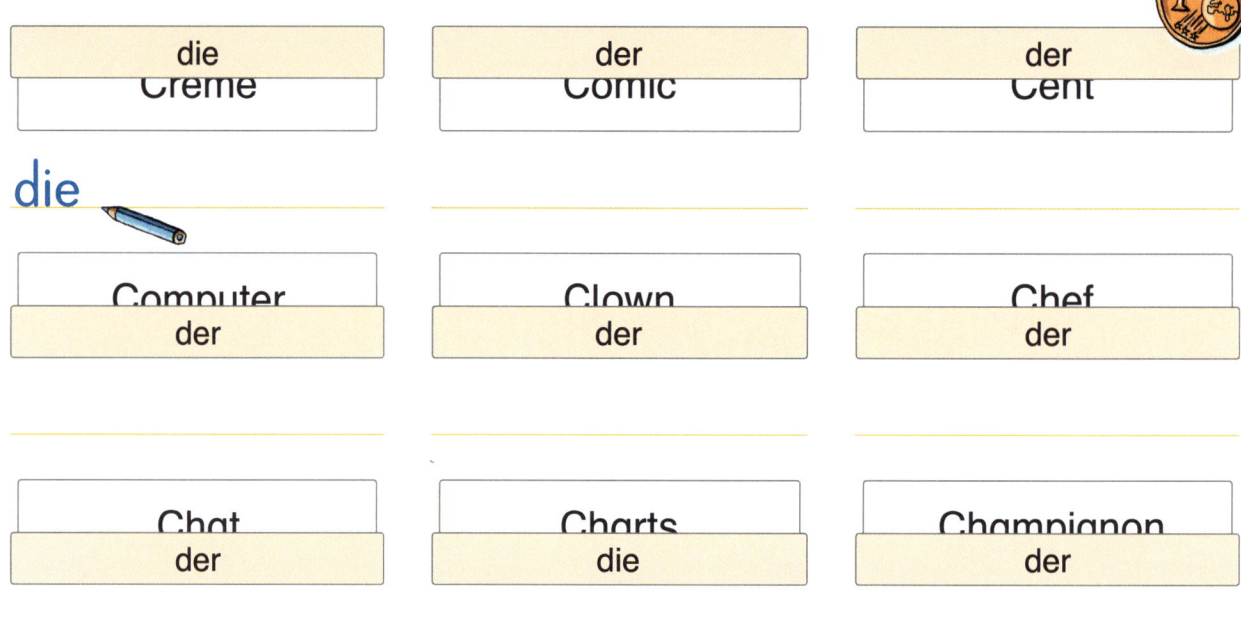

die	der	der
Creme	Comic	Cent

die

Computer	Clown	Chef
der	der	der

Chat	Charts	Champignon
der	die	der

② Unterstreiche alle Merkwörter.
Schreibe nur die Sätze in dein Heft, die stimmen.

S. 18 ②
A: Ein Champignon ist …

A Ein Champignon ist ein Pilz, den man essen kann.

B Ein Orchester ist ein festlicher Anzug für Männer.

C In einem Chat kann man sich im Internet unterhalten.

D Eine gute Gelegenheit nennt man auch Chance.

E Bei trockener Haut kann eine Creme helfen.

F Ein Chamäleon ist ein Musikinstrument aus Holz.

G Besonders beliebte Musik ist in den Charts.

H Auf einem Campingplatz kann man Urlaub machen.

I Eine Cola ist eine Limo mit Zitronengeschmack.

M der Cent, die Chance, der Chef, der Clown

① Ergänze den passenden Wortbaustein
heit, keit, nis oder ung am Ende.
Schreibe die Wörter wie im Beispiel in dein Heft.

S. 19 ①
die Rettung, das ...

die Rett _ung_   das Ergeb_____   die Flüssig_____

die Entfern_____   die Nahr_____   die Hoffn_____

die Ernähr_____   die Feuchtig_____   die Frei_____

die Erwart_____   die Rechn_____   das Geheim_____

die Führ_____   das Erleb_____   die Fröhlich_____

② Unterstreiche die Nomen mit den Wortbausteinen
ung und nis.
Schreibe nur die Sätze in dein Heft, die stimmen.

S. 19 ②
A: Die Herstellung von ...

A   Die Herstellung von Kleidung ist aufwendig.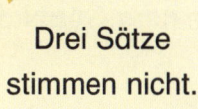

B   Zu viel Fett in der Nahrung ist nicht gesund.

C   Bei einer Verbrennung hilft die Kühlung.

D   Wer Ordnung hält, findet nichts mehr wieder.

E   Über gute Noten auf dem Zeugnis ärgert man sich.

F   Auf einer Rechnung steht, was man bezahlen muss.

G   Ein Ausflug ist meist ein schönes Erlebnis.

H   Ein Geheimnis muss man weitersagen.

Drei Sätze
stimmen nicht.

die Krankheit, die Meinung, die Schwierigkeit, das Zeugnis

① Lies die Sätze. Schreibe sie in richtiger Groß- und Kleinschreibung in dein Heft.

S. 20 ①
A: Jeden Montag ...
B: ...

A JEDEN MONTAG GEHT RANI NACH DER SCHULE ZU IHREM OPA UND BEKOMMT DORT EIN LECKERES MITTAGESSEN.

B KOKI DARF AM WOCHENENDE MEISTENS ETWAS LÄNGER AUFBLEIBEN UND DANN LIEST ER EINEN SPANNENDEN COMIC.

C IN DER NACHT GAB ES EIN ZIEMLICH HEFTIGES GEWITTER UND ES HÖRTE GAR NICHT MEHR AUF ZU REGNEN.

D TIM HAT IM INTERNET EINE INTERESSANTE REISE MIT EINER GRUPPE GEFUNDEN UND MÖCHTE MIT SEINEN ELTERN MITFAHREN.

E ZU BEGINN DER WOCHE DÜRFEN ALLE KINDER EIN SPIELZEUG MITBRINGEN UND DANN GEMEINSAM DAMIT SPIELEN.

hübsch, manchmal, nachdem, niemals, reif, treu

1 Kennzeichne den kurzen betonten Vokal
mit einem Punkt (.).
Unterstreiche den langen Vokal (_).
Ordne die Wörter im Heft in eine Tabelle ein.

S. 21 ①

kurzer Vokal	langer Vokal
Brand	Boden
...	...

Boden

Brand

Sprache

Strom

Wunsch

Kampf

Tiger

krank

Feld

bunt

schlagen

Schnabel

Gans

dumm

Biber

proben

2 Ergänze passende Wörter aus ①.

Für den Computer und das Handy brauchen wir _____ .

Die Blumen auf dem _____ sind schön bunt.

Du darfst andere Menschen nicht _____ und verletzen.

Wer _____ ist, hat den Wunsch, gesund zu werden.

Der _____ ist ein Nagetier mit kräftigen Zähnen.

Jeder Vogel hat Federn und einen _____ .

Ein anderes Wort für üben ist _____ .

Man muss zum Beispiel für eine Aufführung **proben**.

die Bremse, das Geld, klug, die Kraft, das Lob, der Schnupfen

① Ergänze einen passenden doppelten Konsonanten:
rr, ss, mm, nn oder ll.
Schreibe die Wörter vollständig wie im Beispiel in dein Heft.

S. 22 ①
aufpassen, ...

Zweimal gibt es zwei
Möglichkeiten. Findest du sie?
Dann schreibe sie beide auf.

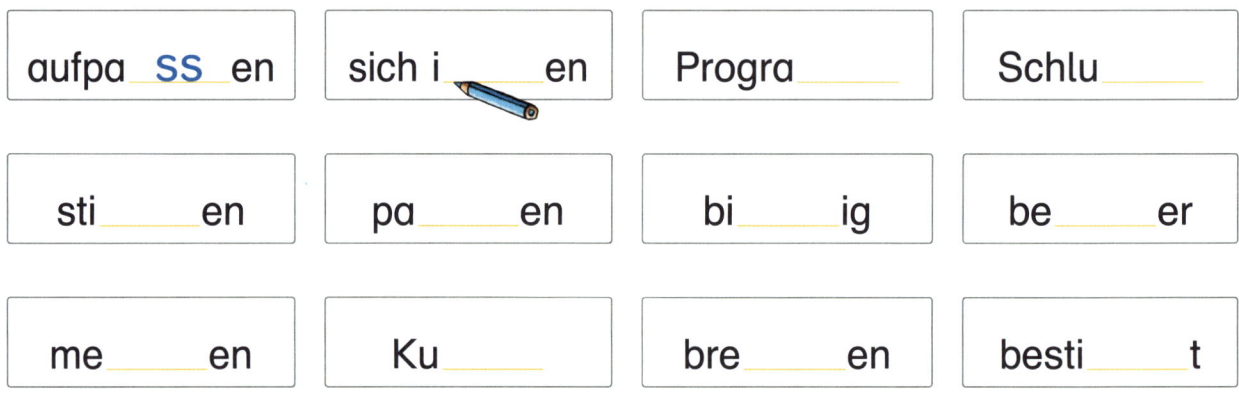

| aufpa **SS** en | sich i____en | Progra_____ | Schlu_____ |

| sti____en | pa____en | bi____ig | be_____er |

| me____en | Ku_____ | bre____en | besti_____t |

② Unterstreiche alle Wörter mit einem
doppelten Konsonanten. Schreibe alle Sätze
mit unterstrichenen Wörtern in dein Heft.

S. 22 ②
A: Die Hose und
    der Pullover ...

A Die Hose und der Pullover passen besser als erwartet.

B Die Kinder bitten ihre Eltern um einen neuen Fußball.

C Bente hofft, dass sie sich beim Rennen noch verbessern kann.

D Einige Kinder planen einen Ausflug zum nah gelegenen See.

E Lea und Lisa binden ihre Haare gern zu Zöpfen.

F Herr Kuzu will ein Kilogramm Nüsse für die Klasse kaufen.

G Tim hat bei der Tombola eine Giraffe aus Stoff gewonnen.

bestimmt, ein bisschen, kaputt, nummerieren, überall

① Ergänze passend ck oder k.
Ordne die Wörter im Heft in eine Tabelle ein.
Markiere wie im Beispiel.

> Es gibt
> mehr Wörter mit **ck**
> als mit **k**.

S. 23 ①	
Wörter mit ck	Wörter mit k
trocken	streiken
...	...

tro **ck** en

strei **k** en

Frühstü ____

erschre____ en

La____ en

wa____ eln

aufwe____ en

Geschma____

le____ en

Kü____ en

schme____ en

Verpa____ ung

② Ergänze passende Wörter mit ck aus ①.

Ein gesundes _____ ist täglich wichtig.

Das Handtuch am Haken ist noch nicht _____.

Das Paket hat eine _____ aus festem Papier.

Die roten Äpfel haben einen tollen _____.

Der Dackel will Emil am liebsten quer durch das Gesicht _____.

Lola nimmt ein Bettlaken und will als Gespenst Leute _____.

Manche Menschen können mit den Ohren _____.

der Bli·ck, bli·cken, der Blo·ck, drü·cken, die E·cke

① Ergänze passend tz oder z.
Ordne die Wörter im Heft in eine Tabelle ein.
Markiere tz und z.

S. 24 ①

Wörter mit tz	Wörter mit z
Mütze	geizig
...	...

Mü_tz_e	gei _z_ ig	tro____dem	Kreu____
glän____en	gan____	schmel____en	spri____en
spi____	Kä____chen	Her____	Kran____
Kapu____e	verle____en	schma____en	Pil____

② Unterstreiche in jedem Kreis zwei verwandte Wörter.
Schreibe sie in dein Heft.

S. 24 ②
Glanz – glänzen, ...

Glanz
ganz
glänzen
Kranz

nutzen
motzen
putzen
nützlich

Heizung
herzlich
heizen
heilen

Hitze
Witze
hitzig
heiß

Herz
heizen
herzlich
heiß

Kreuz
Kranz
Käse
Kreuzung

geizig, plötzlich, der Schmutz, setzen – besetzt, die Verletzung

① Löse das Rätsel.
Schreibe die Wörter mit ai auf. Markiere ai.

| Mais | Laich | Hai | Waise | ~~Saite~~ | Laib | Kaiser | Mai |

Teil eines Musikinstrumentes   **Saite**

Kind, das keine Eltern mehr hat   _____

Eier von Fischen und Fröschen   _____

fünfter Monat im Jahr   _____

Raubfisch mit spitzen Zähnen   _____

ein besonderer Herrscher, der über dem König steht   _____

große Pflanze, die als Frucht Kolben entwickelt   _____

Name für ein ganzes Brot   _____

② Finde acht passende zusammengesetzte Nomen mit ai.
Schreibe sie mit ihrem Artikel auf.

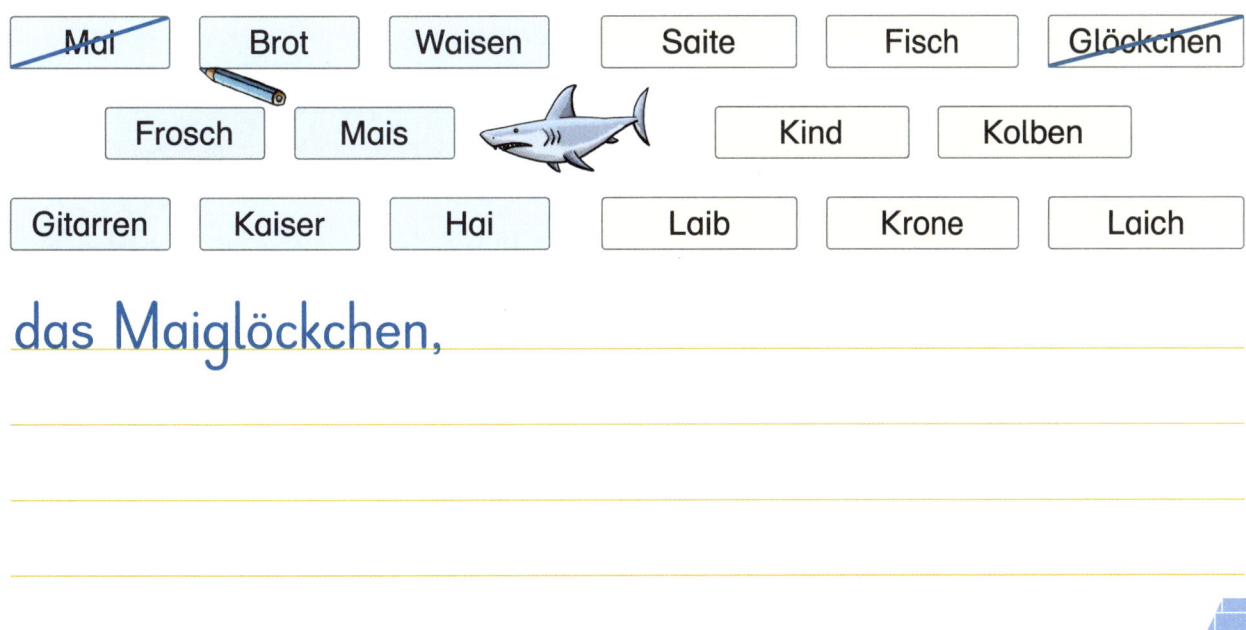

~~Mai~~	Brot	Waisen	Saite	Fisch	~~Glöckchen~~
Frosch	Mais		Kind	Kolben	
Gitarren	Kaiser	Hai	Laib	Krone	Laich

das Maiglöckchen, _____

_____

_____

_____

M   der Laich, die Waise

① Ergänze passend hl, hn oder hr.
Ordne die Wörter im Heft in eine Tabelle ein.
Markiere die Merkstellen.

S. 26 ①

hl	hn	hr
hohl	...	...

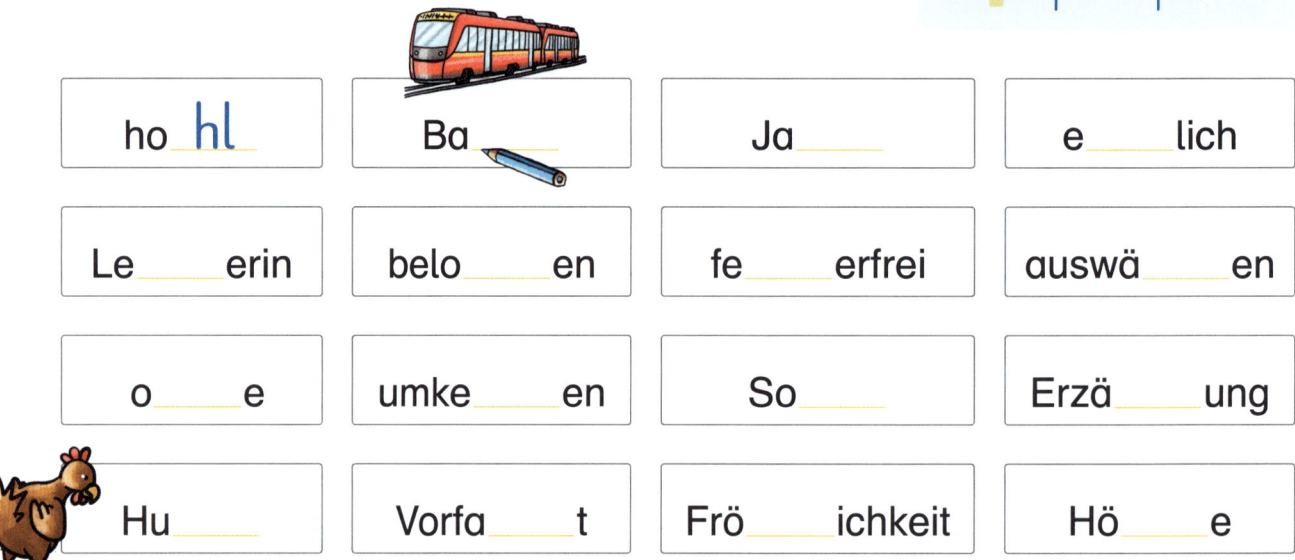

ho __hl__ | Ba_____ | Ja_____ | e____lich

Le____erin | belo____en | fe____erfrei | auswä____en

o____e | umke____en | So_____ | Erzä____ung

Hu_____ | Vorfa____t | Frö____ichkeit | Hö____e

② Unterstreiche alle Merkwörter mit stummem h.
Schreibe nur die Sätze in dein Heft, die stimmen.

S. 26 ②
A: In einer Mühle ...

A   In einer Mühle wird Korn zu Mehl gemahlen.

B   Das Huhn ist ein Vogel mit hohlen Knochen ohne Zähne.

C   Man sollte sich ohne Obst und Gemüse ernähren.

D   In einer tiefen Höhle ist es meist dunkel und kühl.

E   Man sollte nicht in der Nase und in den Ohren bohren.

F   Einen Lehrer sollte man für seine Fehler belohnen.

G   Wenn im Text die Fehler fehlen, ist der Text fehlerfrei.

H   Sahne kann man mit einem Besen steif rühren.

M   das Jahr, jährlich, das Ohr, rühren, der Stuhl

(1) Finde vier Wörter zu jedem Wortstamm
und markiere sie jeweils mit einer Farbe.
Schreibe sie in dein Heft.
Unterstreiche jeweils den Wortstamm.

S. 27 ①
zahl/zähl: erzählen, ...
kühl: ...

zahl / zähl	**kühl**	**bohr**	**fehl**
Kühltasche	Fehler	erzählen	Bohrer
Erzählung	bohren	fehlen	abkühlen
kühlen	gebohrt	bezahlen	fehlerfrei
Erzählerin	Kühlschrank	Bohrung	befehlen

(2) Ergänze in den Sätzen passende Wörter aus ①.

Im Sommer hat man Getränke manchmal in einer  _____.

Die Lehrerin will den Kindern eine Geschichte _____.

Der Zahnarzt arbeitet manchmal mit einem _____.

Lola kennt viele Geschichten und ist eine gute _____.

Wenn das Essen zu heiß ist, muss es zuerst _____.

Aus einem _____ kann man lernen.

Rani möchte Bente heute das Eis _____.

M belohnen, bezahlen, die Erzählung, der Lehrer, die Lehrerin

1 Überlege, welche Strategie dir hilft, die markierte Stelle richtig zu schreiben. Schreibe jedes Wort zum passenden Zeichen.

Es sind **sieben Wörter zu jeder Strategie**. Besprich dein Ergebnis mit einem Partnerkind.

Ampel ✶ Sätze ✶ wütend ✶ Schwester ✶ Geburt ✶ zerlegen ✶ er schlägt ✶ Maschine ✶ Fernseher ✶ vorsichtig ✶ vorwärts ✶ Päckchen ✶ März ✶ härter ✶ er trägt ✶ Kinderreim ✶ Schulleitung ✶ Gewächs ✶ Mittag ✶ Thema ✶ Rand ✶ Fahrräder ✶ Fingerring ✶ Feuerwehr ✶ Kaiserkrone ✶ Gewässer ✶ Grund ✶ Chance

〰 **Ampel,**

⚡

↪

Ⓜ

Ⓜ brav, das Meer, der Schnee, der Schneemann, der Zahn

1 Schreibe die Wörter richtig auf.
Notiere das Strategiesymbol und
das Wort, das dir geholfen hat,
wenn es eines gibt.

> Bei Merkwörtern gibt es
> kein Wort, das dir hilft. Daher gilt:
> Präge dir Merkwörter gut ein.

A Tims Verletzung war äußerlich/eußerlich nicht zu sehen.

äußerlich ⚡ außen

B Der Schiedsrichter war nicht ganz fair/fähr zu einem Spieler.

C Der Zug hatte in letzter Zeit häufig/heufig Verspetung/Verspätung.

D Herr Kuzu sprach seiner Klasse ein grosses/großes Lob/Lop aus.

E Koki findet es prima/priema, im Internet zu sörfen/surfen.

F Am Sonntak/Sonntag kommt ein Verwandter/Verwanter.

G Emil hat morgen einen Arztermin/Arzttermin.

H Der Verkäufer/Verkeufer ordnet die Kleidung.

I Frau Sommer hänkt/hängt ihre Jacke über die Stuhlehne/Stuhllehne.

Schleichen sich manchmal Fehler in deine Wörter ein?
Hier sind **Lolas Tipps** für dich.

1. **Sprich** beim Schreiben **in Silben leise mit**. So vergisst du keinen Buchstaben.

Bücherregal

2. Überlege: groß oder klein?

Montag oder montag?

Der Montag – **die Montage**, der **spannende** Montag – also groß.

3. Überlege: d oder t, g oder k, b oder p am Ende des Wortes oder Wortstammes?

er glaubt oder er glaupt?

Ich **verlängere**: glauben – also er glaubt.

4. Überlege: ä oder e, äu oder eu?

schärfer oder scherfer?

Ich **leite ab**: schärfer von scharf – also mit ä.

5. Überlege: ein oder zwei Konsonanten?

Flosse oder Flose?

Nach einem kurzen Vokal folgen meist zwei Konsonanten. Also: Flosse.

① Wähle zehn oder mehr Wörter aus diesem Heft aus, bei denen Lolas Tipps nützlich sind. Schreibe sie auf, markiere jeweils die schwierige Stelle und notiere das passende Strategiezeichen.

S. 30 ①

Merkwörter soll man sich merken. Aber wenn das nicht klappt?
Hier sind **Lolas neue Tipps** für dich, die **Spaß machen** können.

1. **Spiele** mit Merkwörterkärtchen
   aus der Lernwörterkartei:

   a) Wähle fünf oder mehr Merkwörter aus.
      Ordne sie **nach dem Abc**.
      Danach: Alle Kärtchen lesen, merken,
      umdrehen und auswendig aufschreiben.

   b) Überlege dir **eine kleine witzige Geschichte**
      mit einigen Merkwörtern.
      Mit Hilfe der Geschichte kannst du
      dir die Wörter besser merken und
      sie nochmals aufschreiben.

   c) Erzähle deine kleine **Geschichte mit
      den Merkwörtern** einem Partnerkind.
      Es schreibt alle Merkwörter, die es
      heraushört, auf ein Blatt.

   Du kannst
   die Merkwörter auch
   nach der Anzahl der
   Silben ordnen.

   Kann
   dein Partnerkind
   mit Hilfe der Merk-
   wörter die Geschichte
   wiederholen?

2. **Übt zu zweit oder in einer Gruppe.**

   a) **Wettspiel**: Wählt einen Merkwort-
      Schwerpunkt, zum Beispiel Merkwörter
      mit langem i-Laut. Nun muss jeder
      in einer bestimmten Zeit möglichst viele
      Merkwörter zu diesem Schwerpunkt
      notieren. Wer hat die meisten Merkwörter
      richtig notiert?

   b) **Kreativität gewünscht**: Erstellt gemeinsam
      Listen, Plakate oder Leporellos
      mit Merkwörtern.

   Zum
   stummen h gibt es
   ganz schön viele Wörter!
   Ich habe einige auf meinem
   Plakat nach Wortarten
   geordnet.

① Übe Merkwörter mit Lolas Tipps allein oder
suche dir ein oder mehrere Kinder.
Markiere die schwierige Stelle in jedem Merkwort.

Trainingsheft
zum Grundwortschatz

Herausgegeben von:	Roland Bauer, Jutta Maurach
Erarbeitet von:	Martina Schramm in Zusammenarbeit mit der Redaktion Grundschule Deutsch 2–4
Redaktion:	Martina Schramm, Kristina Fischer, Sabine Gerber, Milena Lemke
Illustration:	Yo Rühmer, Frankfurt am Main
Umschlag:	Cornelia Gründer, Corngreen GmbH, Leipzig (Gestaltung); Yo Rühmer, Frankfurt am Main (Illustration)
Layout und technische Umsetzung:	lernsatz.de

www.cornelsen.de

1. Auflage, 1. Druck 2024

Alle Drucke dieser Auflage sind inhaltlich unverändert
und können im Unterricht nebeneinander verwendet werden.

© 2024 Cornelsen Verlag GmbH, Berlin

Druck: ppm Fulda GmbH & Co. KG, Fulda

ISBN 978-3-464-80357-8 (Trainingsheft zum Grundwortschatz, Verbrauchsmaterial)

PEFC-zertifiziert
Dieses Produkt stammt
aus nachhaltig
bewirtschafteten Wäldern,
Recycling und
kontrollierten Quellen

PEFC

PEFC/04-31-1308   www.pefc.de